走遍世界
很简单

ZOUBIAN SHIJIE HENJIANDAN

英国大探秘

YINGGUO DATANMI

知识达人 编著

成都地图出版社

图书在版编目（CIP）数据

英国大探秘 / 知识达人编著 . — 成都 : 成都地图
出版社 , 2017.1（2021.10 重印）
（走遍世界很简单）
ISBN 978-7-5557-0270-2

Ⅰ . ①英… Ⅱ . ①知… Ⅲ . ①英国—概况 Ⅳ .
① K956.1

中国版本图书馆 CIP 数据核字 (2016) 第 079842 号

走遍世界很简单—— 英国大探秘

责任编辑： 游世龙
封面设计： 纸上魔方

出版发行： 成都地图出版社
地　　址： 成都市龙泉驿区建设路 2 号
邮政编码： 610100
电　　话： 028 - 84884826（营销部）
传　　真： 028 - 84884820

印　　刷： 唐山富达印务有限公司
（如发现印装质量问题，影响阅读，请与印刷厂商联系调换）

开　　本： 710mm×1000mm　1/16
印　　张： 8　　　　　　　　　 **字　　数：** 160 千字
版　　次： 2017 年 1 月第 1 版　 **印　　次：** 2021 年 10 月第 4 次印刷
书　　号： ISBN 978-7-5557-0270-2
定　　价： 38.00 元

前　言

美丽的大千世界带给我们无限精彩的同时，也让我们产生很多疑问：世界上到底有多少个国家？美国到底在什么地方？为什么奥地利有那么多知名的音乐家？为什么丹麦被称为"童话之乡"？……相信这些问题经常会萦绕在小读者的脑海中。

为了解答这些问题，我们精心编写了这套《走遍世界很简单》系列丛书，里面包含了世界各国丰富的自然、地理、历史以及人文等社会科学知识，充满了趣味性和可读性，力求让小读者掌握最全面、最准确的知识。

本系列丛书人物对话生动有趣，文字浅显易懂，并配有精美的插图，是一套能开拓孩子视野、帮助孩子增长知识的丛书。现在，就让我们打开这套丛书，开始快乐的环球旅行吧！

路易斯大叔

美国人，是位不折不扣的旅行家、探险家和地理学家，足迹遍布全世界。

多多

10岁的美国男孩，聪明、活泼好动、古灵精怪，对一切事物都充满好奇。

米娜

10岁的中国女孩，爸爸是美国人，妈妈是中国人，从小生活在中国，文静可爱，梦想多多。

目　录

目　录

　　连续十几天赶稿，路易斯大叔劳累过度，当杂志社主编非常满意地对他连说了"OK"之后，他已经打定了主意，先睡个三天三夜，然后在这个春天到一个最浪漫的地方去旅游。

　　那年，妻子动听的歌声仿佛还在耳边，是的，令路易斯大叔记忆犹新的蜜月之旅的胜地就在大不列颠及北爱尔兰联合王国那个美丽的地方。

多多本来就活泼好动，长时间按部就班的学校生活让他急盼一次旅行，每次和路易斯大叔行走在奇山大川之中，他都兴奋不已。

"路易斯大叔，明天我们去旅行吗？"每次探问，路易斯大叔毫不犹豫地回绝了。他总是行色匆匆地说："噢，我亲爱的多多，别问了，你的路易斯大叔都忙成陀螺了！"

今天，无聊的多多打消了再次去问路易斯大叔的念头，转而去找米娜玩。

米娜的妈妈从中国给她带回一些书籍，并且按照中国的教育方式严格督促她学习。这不，米娜正在摇头晃脑地背诵呢。

"读万卷书，行万里路。纸上得来终觉浅，绝知此事要躬行……"

"停！"多多把书抢走，围着院子里的紫丁香绕圈，他不住地逗米娜，"来呀，追上我就还给你！"

"好啊，多多，看我不追上你！"米娜毫不示弱，笑着追着。

"孩子们，不要闹了，路易斯大叔要去旅行了，可有人愿意同行？"不知什么时候，路易斯大叔站在了院子中央。

"噢，旅行啦！我去！我去！"多多和米娜异口同声地喊。

"去哪儿呢，亲爱的路易斯大叔？"米娜兴奋得小脸都红了。

"大不列颠及北爱尔兰联合王国———一个浪漫优雅的岛国。"路易斯大叔充满深情地说着，并向两人伸开了双臂。

老习惯，多多和米娜各自抱住路易斯大叔的胳膊，路易斯大叔大笑着旋转，两只"小鸟"飞了起来。

第1章

你好，伦敦

大客轮离开了港口往东行驶，大西洋的水面显出少有的平静。

多多和米娜是第一次坐船出行，兴奋极了！多多总有问不完的问题，这不，他又拉住路易斯大叔的胳膊开始发问了："这里的海洋叫什么名字？"

"大西洋！"米娜抢着回答。

路易斯大叔靠近窗边，手中摆动着他的望远镜，他接着米娜的话说："大西洋名字的由来还与古希腊神话有关，传说大力士阿特拉斯神能知道任何一个海洋的深度，大西洋是他居住的地方。米娜说的是它的中国名字。中国是个古老的国度，明朝时把欧洲以西的海域称为大西洋。"

多多转动着蓝眼珠，第二个问题又出来了。

"那这里最深的地方有多深，在哪里呢？"

"大西洋是世界第二大洋。"路易斯大叔娓娓道来，"最深处叫作波多黎各海沟，深达八千六百多米呢！"

多多吐了吐舌头，惊呼："我的天，八千多个我摞起来也露

不出额头吧！"

"嗯。"路易斯大叔耸了耸肩。

搭轮船坐飞机，多多和米娜还有路易斯大叔终于站在了伦敦的街头。街上车水马龙，熙熙攘攘，非常热闹。

伦敦奥运会，多多没能到现场来观看，一直是个遗憾。现在，他和米娜携手沿着街边狂跑。

"你好，伦敦！"他们对着春天里怒放的花朵送出友好的飞吻。

"路易斯大叔，伦敦是古老的城市吗？为什么这么多城堡啊！"这次米娜眨着大大的眼睛提出问题，这个想象力丰富的小脑袋也许由城堡已经想到了某个古老的传说吧？

　　"伦敦是古罗马人建立的，已经有两千多年了，现在已经成为国际化的大都市了。"路易斯大叔热切地望着两旁的建筑，悠悠地说。

　　"这里都有哪些好玩的地方呢？"多多迫不及待了。

　　"伦敦动物园、皇家植物园、特拉法加广场、摄政街、蜡像博物馆……你们最想去哪里？"没等他俩回答，路易斯大叔就决定了，"第一站，跟我到杜莎夫人蜡像馆。"

　　路易斯大叔一个手势，计程车稳稳地停在他们面前。女司机非常有礼貌地回答远方来客的提问。路上米娜的眼睛不停地搜索新奇事物，她看到了地铁贝克街站的墙上满是福尔摩斯的经典侧面像瓷砖。不多时，他们已经步入蜡像馆。

　　蜡像馆里，逼真的蜡像形态各异。有的在笑，有的在思考，还有的好像在和别人打招呼，简直跟真人没有什么两样。多多正想仔细观察其中一个蜡像，一回头却见一个人正举着像机好像要拍摄，他急忙向后退去。让开之后，多多走到她身后，想等待她拍完之后再上前去，却见她半天没有一丝动静。他上前仔细一看，尴尬地笑了，原来这是被做成拍照状的蜡像。

　　米娜在一边早笑得直不起腰来。

　　"多多，你的偶像——迈克尔·杰克逊，还有超人——"米娜发现了自己认识的名人。

　　"快给我们合影！"多多喜出望外，"米娜，你知道我有多么喜欢他们，今天终于可以合影了。超人的故事我都了解，他出生在氪星，氪星即将毁灭的时候，超人的父母将还是婴儿的超人单独放进太空船送到了地球，他的太空船降落在美国堪萨斯州斯莫尔镇，后来被一对夫妇收养。再后来，他到了大都会，做了记者，明着用记者的身份揭露罪恶，暗中用超人的身份打击犯罪。"

多多说得眉飞色舞，左顾右盼地继续往前走。

因为前面"受骗"一次之后，他更加小心仔细地观察这些蜡像。前方有人传来诡异的尖叫，定睛一看，原来是前方的拐角处有一尊时不时会蹿出的蜡像。

可是走近了他才发现，这个"蜡像"上蹿下跳的，分明是个活人

啊。于是，他认为那些躲在墙角的肯定全部是真人。

他再也不想上当了，看到一个人蹲在墙角，他扑上去对着那人张牙舞爪大吼大叫："你不要再骗我了！我不会上你的当了！"仔细看了两眼，原来这是真的蜡像。不远处一个美丽的像芭比娃娃一样的英国小姑娘正在看着他笑。多多搞不清哪是真人哪是蜡像了，他赶紧跑到路易斯大叔那里去，却听到身后咯咯的笑声，接着一个小女孩的声音："这哥哥真好玩！"

"为什么那么多蜡像馆的名字都叫作杜莎夫人蜡像馆呢？"米娜眨着好奇的大眼睛问。

路易斯大叔说："杜莎夫人是法国人，她小的时候随一名医生学习蜡像制作技艺，非常用功，后来终于成为杰出的艺术家。到74岁

时，她在伦敦贝克街设立了一座永久性的展馆，也就是后来的杜莎夫人蜡像馆。"

"可是杜莎夫人是法国人，为什么她的蜡像馆却在英国呢？"米娜不问则已，一问就要打破沙锅问到底。

路易斯大叔非常耐心，说起这些他好像格外高兴。

"杜莎夫人到了伦敦，后来因为英法战争，她无法回到法国，杜莎夫人只好带着她的蜡制品在这里发展。"

"喂，多多，不要跑远，过来我们一起拍照了！"路易斯大叔冲正跟一位小姑娘挥手的多多喊。

出了蜡像馆，路易斯大叔津津有味地翻看着拍下的照片，暗自得意，今天收获不少！

第2章

泰晤士河游

路易斯大叔两手叉在脑后，微眯着双眼。他心中得意，两个小鬼被一盒高级巧克力迷住了，一时半会儿不可能来打扰自己。伦敦泰晤士河上的阳光太棒了！

"先生，您的威士忌。"服务生轻轻呼唤。

"好的，谢谢！"路易斯大叔将掀开的宽边太阳帽重新盖好。

躺在泰晤士河游船上，听着河水的声音，这位不折不扣的旅行家想起了一句话：泰晤士河是一部流动的历史。15年前，他曾来过这里，那时他是和新婚的妻子一起来旅行的。因为泰晤士河横贯伦敦市，是英国的母亲河，它又被称为"世界上最优美的河流"，而且河两岸有许多著名的建筑，所以他们选择了这里。

　　那时，周游世界，成为旅行家的梦想才刚刚起航，妻子美丽活泼，在大桥上哼唱《魂断蓝桥》主题曲，可爱极了。就是在这里，不仅仅是滑铁卢桥，威斯敏斯特大教堂、伦敦塔、桥面可以起降的伦敦塔桥等名胜建筑都留下了他们的足迹。

　　"我们往日情意相投，让我们紧握手，让我们来举杯畅饮，友谊地久天长……"路易斯大叔轻轻哼唱，沉浸在昨日的幸福中。

　　多多和米娜的巧克力吃完了。该做点什么呢？多多看到正享受

阳光的路易斯大叔，鬼主意出来了，他把手放在嘴唇上，冲米娜眨眨眼，蹑手蹑脚地走到路易斯大叔身边。

过了一会儿，见路易斯大叔没动静，多多捏住鼻子，拿起景点图册说："先生，伦敦眼能俯瞰整个伦敦全貌，带着您的孩子们坐上世界最大的摩天轮，将是个不错的选择……"

"错了！"路易斯大叔再也坐不住了，他掀掉帽子，喊道，"伦敦眼曾经是世界首座也是最大的观光摩天轮，但是现在位居世界第三！啊，怎么是你们两个小鬼！"

"那第一和第二是谁啊？哈哈……"多多笑得抱住肚子蹲在地上。

"第一在新加坡，名叫飞行者摩天轮，第二在中国南昌，而英国伦敦眼高135米……"路易斯大叔不愧是旅行家，张口就来，如数

家珍。

　　"路易斯大叔，我们去坐摩天轮好吗？"米娜不失时机地提议。

　　"嗯，我要考你们几个问题，答上来，咱们就上伦敦眼，要是答不上来呢，哼哼，就乖乖听大叔的安排啦！"路易斯大叔整了整宽边太阳帽并重新戴在头上，"嗯，咱们来到的这个国家叫什么名字？全称的由来？"

　　"英国。"多多用拇指和食指捏住下巴说，"太简单了。"

　　"因为是由英格兰、苏格兰、威尔士和北爱尔兰组成的，所以全称大不列颠及北爱尔兰联合王国。"米娜慢悠悠地补充。

　　"米娜真棒！说得很好！"路易斯大叔伸出大拇指。

　　多多转动着大眼睛，有点不服，连说："简单，再问再问。"

"英国的国花是什么？"

"英国的国鸟是什么？"

"英国的国树是什么？"

"暂停——"多多跳着去捂路易斯大叔那像鱼吐泡泡一样不断抛出问题的嘴巴。

米娜歪着头想了想，说："玫瑰是英国的国花，红胸鸟是英国的国鸟，国树，国树是——"看样子米娜一时想不起来了。

"等等，英国的果树是夏栎。"多多从脑海中找到了答案。

"你们赢了！咱们坐伦敦眼去，飞啊——"

下午两点钟，路易斯大叔已经实现了承诺，多多和米娜就站在伦

敦眼的一个乘客舱里。

蓝天白云，江水滔滔，一艘艘豪华游船像小甲虫一样飘过，多多拿起望远镜，指着上游山岗上古树掩映的天文台说："那就是格林威治天文台吧？"

"对！是格林威治天文台，里面有一根重要的线，你们知道是什么线吗？"路易斯大叔等着他们的回答。

"什么线？竖线，横线，不对，是电线。"多多乱说一气。

"本初子午线。"米娜说，"去年我爸爸还在这里照相了，他说双脚跨在0°经线的两侧摄影留念，这样就算自己同时脚踏东西半球了。"

米娜的话再次勾起了路易斯大叔对往事的回忆，他笑着摇了摇头，突然举起手中的照相机拍照。原来伦敦眼旋转到了最顶端，在这里可以俯瞰整个伦敦的风貌。伦敦市区，泰晤士河两岸高楼林立，沿河有各种风格的桥梁，像滑铁卢桥、威斯敏斯特桥都是世界闻名。

　　"好神奇啊，这么伟大的建筑是谁设计出来的呢？"米娜对创造者产生了汹涌的敬佩之情。

　　多多摸摸自己手上的微型万能电子书，一拍胸脯说："这个可以问我，伦敦之眼的创造者是马克与巴菲尔德。他们是夫妻，提出这个构想真了不起，这实在是他们一次大胆而具有冒险性的创举啊。"

　　"伟大的工程师可以给人们带来这么多的美丽和快乐，以后我

也要做个工程师。"多多的解说吸引了旁边的一位小姑娘，她认真地说。

"嗯，你一定能行！"米娜高兴地亲吻了她的额头。

多多想起来了，这不就是在蜡像馆遇到的小姑娘么，当时还以为她是蜡像呢！

三个人很快成了好朋友。

时间过得真快，众多景点介绍完了，路易斯大叔意犹未尽，多多和米娜恋恋不舍地和新朋友挥手再见。

夏栎

　　夏栎是英国一种常见的树，它还有一个名字叫夏橡。这种树不惧严寒，但在冬天会落尽树叶，变得光秃秃的。它们通常长得很高大，最高的有40米。这也是一种很长寿的树，有的可以活好几百年。在立陶宛的一个村庄，有一棵古老的夏栎树，据说有1500岁了，这大概是欧洲境内最老的一位"寿星"了。

第3章

分头行动

　　伦敦阳光明媚，春满大地。这几天，多多和米娜跟随路易斯大叔游览了泰晤士河沿岸的名胜景区，路易斯大叔决定明天离开伦敦，按照自己的原定旅游计划来个英国十日游。

　　多多希望再去白金汉宫体验皇室奢华，他试图说服路易斯大叔，但是一点效果也没有。

"白金汉宫我来过两次，没什么稀奇的。那里维多利亚女王雕像上面有金色天使，如果你发现皇宫上方飘扬着英国皇帝旗帜，那就代表女王在宫里；如果英国皇帝旗帜没有升起，呵呵，那女王一定不在宫里。对了，有人说白金汉宫原来叫白金汉屋，你知道什么意思吗？"路易斯大叔把照相机、望远镜放在一个棕色牛皮背包里。

米娜闪着美丽的大眼睛问："叔叔快说，什么意思呢？"

"他人的家。"

"好奇怪啊，多多，你说为什么是他人的家呢？"米娜转向很少沉默的多多。

"多多，早睡觉，明天早上早点启程。"路易斯大叔把重要的行李

整理了一下，见多多没动，又加大了声音催促道，"晚安，孩子们！"

早上，多多一个人跑到外面的小花园里，他心里嘀咕着："我们还没去白金汉宫呢！"抬头望远，伦敦眼仿佛就在前方，真想在伦敦再玩玩。

"白金汉宫是世界五大名宫之一。五大名宫还有中国的故宫、美国的白宫、法国的凡尔赛宫，以及克里姆林宫，克里姆林宫是哪个国家的呢？"多多摆弄着自己手腕上的电子万事通，一边翻看着资料一边自言自语。这下他更不愿意走了，怎么能错过这么有名的地方呢？

于是多多找到正在收拾行李的路易斯大叔，提议说："要不咱们先分头行动，各逛各的，最后再在同一地点汇合就好了。"

路易斯大叔听了直摇头："那怎么成！你一个小孩子，要是在路上被坏人骗了，怎么办？"

多多一听，不开心了："我还没玩够呢！我才不要走。"说完他干脆直接赖在床上，不肯起来。

路易斯大叔拿他实在没有办法，只好退让一步，找来一位当地"导游"——他的好朋友克劳德先生，请他带多多在伦敦多玩一阵儿。

　　"路易斯大叔，那我俩要去哪些地方呢？"送走了多多，米娜蹦跳着去拿桌子上的旅游地图。

　　"首先去剑桥大学。你瞧，这是之前皮特教授给我的亲笔信，他在信中特别提到了剑桥大学，建议我们来英国旅游的时候，一定别忘了去参观呢。"

　　"是吗？快给我看看他是怎么说的！"

　　米娜拿到信后，逐字逐句地读起来。

路易斯先生：

　　您好！上次听说，您今年会来英国旅游，不知道准备得怎么样了？

　　要是您能来的话，一定不要错过剑桥大学，它就在伦敦北面风景秀丽的剑桥镇。可以毫不夸张地说，剑桥大学就是名人的摇篮，英国许多著名的科学家、文学家、政治家都来自这所世界顶尖的学校。另外，它还是诺贝尔奖获得者最多的学府！相信您一定会爱上那里的。

　　祝您旅途愉快！

皮特教授

5月2日

　　"那还等什么？我们赶紧出发吧！"米娜迫不及待地看着路易斯大叔。话音刚落，窗外响起悠扬的钟楼钟声，这是从威斯敏斯特大教堂传来的。

大本钟

　　大本钟是英国伦敦的著名地标，钟室内是一座约4.9米高的复杂装置，包括齿轮、杠杆和滑轮。大本钟以格林威治天文台的计时仪器来校准时间，所以它的准确性世界闻名。但有一次它把时间报错了，因为一名在大本钟上作业的油漆粉刷工在钟面上挂了一个油漆桶，把钟弄慢了。

第4章

徒步剑桥

从伦敦往北行驶25千米，车进入春色秀美的剑桥镇。青葱的草地几乎铺满了这座小城除了街道以外的所有空地。那一栋栋高大的校舍、教堂和一所所爬满青藤的红砖住宅就在这一片绿色之中。

"路易斯大叔，那就是剑桥大学吗？"米娜站起来，把脸贴在车

窗上，看着远处精致雄伟的汉白色城堡，兴奋地大叫。

　　妈妈经常吟诵一首诗——轻轻地，我走了，正如我轻轻地来……妈妈说诗人徐志摩就是毕业于这所学校。米娜因为喜欢那首诗而对这所学校充满向往。

　　"哦，那只是这个学校的主建筑。事实上，整个剑桥镇就是所谓的剑桥大学——没有围墙。"路易斯大叔下车后拿出了摄像机等装备。

　　"哇！"米娜听后惊奇地睁大了眼，小手捂住嘴，满脑子寻思着长大了要来这个学校如何如何，天马行空的想象让她美得笑出了声。

　　远处来了一个滑着滑板的少年，他风驰电掣一般，而米娜却不知为什么走路歪歪扭扭的，正好挡在了少年前进的道路上——

　　"危险，米娜！"路易斯大叔喊。

　　"小妹妹，你没事吧？对不起！"有着一头浅金色柔软发丝的少年弯下腰，冲眼角泛出泪花的米娜表现出一脸歉意。

　　见米娜竟然有些不好意思，路易斯大叔友好地对少年说："是这小孩子自己精力不集中，不怪你，不怪你。"说完一阵大笑。

　　"呵呵，"少年也笑了，说，"也怪我滑得太急了，平时习惯了滑滑板上学，没想到今天竟然差点撞到人。对了，大叔你们是来旅游的吗？"

　　"对。"路易斯大叔爽朗地回答，"我对剑桥大学非常感兴趣，据说它最早是由一批从牛津大学逃离出来的老师建立的，这很有传奇色彩，不是吗？"

　　"为了表达歉意，我来给你当导游如何？"见没有拒绝，他挽起米娜，踩着滑板慢慢走着说，"这所大学城拥有十万居民，有一条河流穿镇而过，名叫'剑河'。"

"那为什么徐志摩把它叫作康河呢？"米娜最喜欢《再别康桥》这首诗了。

　　路易斯大叔解释说："在中文里，剑河也翻译成康河。"

　　"明白。"米娜调皮地打了个立正姿势。

　　"不光有许多伟大的诗人，这里还被称为'自然科学的摇篮'。"少年非常自豪地说道。

　　"为什么呢？"米娜追问。

　　"剑桥学校历史悠久，出过牛顿、达尔文等科学家，他们哪一个不是赫赫有名呢？许多英国首相也毕业于这里，曾有70多位，不——是80多位诺贝尔奖获得者……"少年越说越快，简直就像个真正的导游。

　　路易斯大叔没有因为他拿不准诺贝尔奖获得者的数目笑话他，而是额首赞许。

米娜调皮地把一只脚放在少年的滑板上，仰头说道："哇塞，太厉害了，我要来剑桥上学，让剑桥大学以我为荣。"

"嗯，小妹妹，努力吧，相信你哦！"少年鼓励米娜，接着说道："前面就是图书馆，我带你们去，现在我给你讲个笑话吧。"

"曾有一位学长，他是个勇敢而极富创意的人，有一次在考场上，他突然提出要监考的学监为他提供点心和啤酒。学监心想，这事儿怎么可能，从来没有过，于是压住性子回道：'对不起，您在说什么？'

"学长依然坚持，他很平静而坚定地说：'我要求您现在给我拿

点心和啤酒，先生。'

"学监有点恼火，但他依然礼貌地说：'很抱歉，不行。'

"学长胸有成竹，他看着学监的眼睛，再次说：'我坚持我的要求，先生。我不仅是请求，而且是命令您现在给我拿点心和啤酒。'

"学长说着就拿出了剑桥大学的校规。剑桥大学的校规是在400年前用拉丁文订立的，永远有效。学长翻到了一页指着一条几乎快让人忽略的条款，那上面写着：所有参加考试的学生，在考试的时候他都有权利获得点心和啤酒。学监看到这条条款，也就无话可说了。

"但学监要监考学生，不能为他去买啤酒和点心。学监临时拿来了可乐和汉堡包。学长接了过来，一边吃着喝着，一边答着试卷。"

"哈哈，你的学长比多多还调皮，笑死我了！"米娜弯弯的眼睛笑得成了一条缝。不过想起多多的同时，心中又有点紧张，多多你在哪里呢？

少年接着说："学长后来受到了处罚。"

"怎么可能？你的学长依据校规提出要求，学校还有什么理由来处罚呢？"路易斯大叔表示了极大的诧异。

"您听我说，三个星期之后，剑桥大学给予那位学长罚款五英镑的处罚。理由是在考试过程中，学长没有按照校规带上佩剑。

"哈哈！"路易斯大叔开怀大笑。

暮春时节，到处生机勃勃。剑桥路旁是一排排苍翠入云的大树，一树树白色、淡紫色的樱花在阳光下窃窃私语。草地上，紫红的、粉

红的玫瑰，鹅黄色的旱水仙，路灯柱上挂着的花盆，真是繁花似锦，赏心悦目。

前面就是剑桥大学图书馆了。

少年说："在剑桥大学，图书馆就是重要的课堂，或者说，图书馆比课堂更重要。"

米娜问："你们难道不是每天都上课吗？"

"我们不一定每天都有课，有课也不过三四个小时。"少年耸了耸肩膀，俯身嗅着垂到眼前的一枝花。

"说真的，我们一天中的大部分时间都在图书馆里，比如查阅资料、借书还书等。"

"嗯，说得不错，小伙子！"路易斯大叔驻足观望，眼前的图书馆恢宏而壮观。

"好多书啊! 多多在的话, 他又要让我数数有多少本了! "米娜的话引起了图书馆工作人员的兴趣, 他来到米娜身旁, 微笑着说: "来, 你数数看哦! "

大家笑了。

在工作人员的陪同下, 米娜和路易斯大叔徜徉在书海里。

"剑桥大学图书馆建成六百多年了, 不仅历史悠久而且藏书众多。据说英国几乎每出版一部新书, 都会送一册到这里来收藏呢! "路易斯大叔的解说让工作人员吃惊。他肯定道: "嗯, 不错。"

米娜突然在上衣口袋里发现一个神秘的纸条, 她偷偷跑到路易斯大叔身边, 附在他耳边说了些什么。

　　路易斯大叔停住脚步，和工作人员告别。这位工作人员对这位博学多闻的游客非常欣赏，热情地握手，连说再见。

　　走在满是阳光樱花的路上，米娜和少年告别。

　　"滑板哥哥，我们合个影吧？"

　　"好啊！"少年扶着米娜站上滑板，滑板飞快地滑动，米娜张开手臂，少年一手拉住米娜，一手扬起。

　　"OK！"路易斯大叔按动快门，留下了珍贵的瞬间。

叹息桥

　　剑桥镇流过一条河，叫作康河，几百年来，康河上修建了28座各式各样的桥梁，其中叹息桥的名气最大。关于叹息桥名字的来历，有一个有趣的传说。据说剑桥大学的毕业考试非常严格，导致有的学生因为平时不努力学习而拿不到文凭，他们不约而同来到这里捶胸顿足，叹息、流泪。它也被剑桥大学作为反面教材来警示学生不要虚度年华，要珍惜时间发奋学习，校方也顺应民意，把它命名为"叹息桥"。但这也仅仅是传说，不过叹息桥风景秀丽、结构精巧别致，得到过维多利亚女王的赞赏。

第5章

爱丽丝环游浪漫温德米尔湖

正当米娜和路易斯大叔在寻找多多的线索时，克劳德叔叔正带着参观完白金汉宫的多多和爱丽丝赶往这人间天堂——英格兰最大湖泊温德米尔湖。

英国著名浪漫主义诗人济慈曾说，温德米尔湖"能让人忘掉生活中的区别：年龄、财富。你很容易迷失在美景中，忘了时间，有种'天上一日，地上十年'的感觉"。

　　也许你奇怪了，爱丽丝不就是之前那个小女孩吗，她怎么也在这里？悄悄地告诉你……那是因为她是克劳德的小侄女。真是太有缘了！

　　温德米尔湖是个长条状的湖泊，英国大多数湖泊都是这样，像一条长蛇静静地卧在山谷间。

　　一路上，伊甸园般的自然风光迎面而来，满眼都是风景画。老天爷还耍起了小脾气，飘着零星的雨点。

　　这次他们没有开私家车，而是坐在了小火车上，叽叽喳喳，笑闹取乐。

　　"温德米尔湖？！"一个姑娘惊叹。

　　"对，美丽浪漫的地方滋养浪漫唯美的文字，那里正是孕育湖畔

诗人华兹华斯的地方。"她身边的伙伴笑着应答。

爱丽丝对诗人的兴趣不是很大，多多也是。难得克劳德叔叔没有解说，多多低头摆弄一下自己的电子万事通，和爱丽丝头挤在一块，分享喜悦的信息。你可能不知道，克劳德虽然年纪不大，却有不亚于路易斯大叔的地理和旅游知识，爱丽丝私下叫他"万事通叔叔"。

"温德米尔湖全长16千米，够长的了，可是最宽处却不到两千米，那会像什么呢？"

"像玉带，像葫芦……嘻嘻……"

一会儿，到了湖区景点，游人纷纷下车，各自在湖边游览开了。

湖边有许多大摇大摆的天鹅和水鸟，多多弯腰向一只高大的天鹅悄悄靠近，爱丽丝也屏住呼吸跟上来。也许是见怪不怪了吧，天鹅不为所动，昂着头直瞪瞪地盯着多多，大有一番"留下买路钱"的气

势。多多反而有点害怕了，停住了脚步。

旁边一位小姑娘说："它以为你们要给它好吃的呢！"

爱丽丝想把自己手中的热狗奉上，却不敢上前，大叫多多。

"多多，你喂给它呀——"

还没等多多过来，附近的几只天鹅都不耐烦了，踱着步子大摇大摆地走过来。

"啊——哈哈——"爱丽丝和多多扔下热狗笑着跑开了。

买票登船，开始环湖游览。

"湖区拥有英格兰最高峰和英格兰最大的湖，坎伯里山脉横贯湖区。"克劳德叔叔在无人提问的情况下面无表情地解说。

湖光山色中一只只野鸭在追逐戏水，一群群海鸥掠过头顶冲向天空，湖边的游人友好地向船上的人招手，远处还能看见牛羊在悠闲地啃着鲜草。

就连天气好像也喜欢闹，特意在新来的游客面前表演一番，一会儿阳光灿烂，一会儿乌云密布，一会儿又一阵急雨。远处山上红色、橙色、绿色的树木、鲜花、草坪掩映生辉。爱丽丝手中的相机始终在不停地拍啊拍，即使下雨也没到下面的船舱里去。

不知不觉，已经划船环游快一个小时了，因为随旅游团共游，必须和团队共进退，不得不走了，多多和爱丽丝意犹未尽。

"大天鹅，再见！温德米尔湖，再见！"

第6章

来吧，红魔

回到酒店不久，路易斯大叔就收到了一封神秘的来信。

路易斯：

我们已经离开伦敦了，请不用担心我们。

我原本打算离开伦敦后，就来剑桥同你汇合的，但是你的这个小友说他还在生你的气。于是我们决定跟你玩个游戏，如果你能按照线

索提示捉住我们，他就同意跟你一起回美国。

不要紧张，我会在合适的地方再给你提示的，祝你们旅途愉快。

好友：克劳德

一块地图碎片，只有轮廓，没有标注和图形，路易斯大叔调动平生所学，好像自己是福尔摩斯，反复推论，但没有结果。

"不，这样不行，米娜，帮我拿小提琴来。"

米娜心里想笑又没笑出来，她知道路易斯大叔要模仿福尔摩斯，她和多多都是《福尔摩斯探案集》的忠实读者，知道英国作家柯南·道尔笔下的这个名侦探爱好拉小提琴，习惯叼着烟斗拿着手杖。无论什么案子，只要让他发现一点蛛丝马迹，他就能顺藤摸瓜，找出答案。

路易斯大叔的小提琴确实拉得不错，狂风骤雨一样的旋律饱含情意倾泻而出，就像他现在的心情。他没料到平时成熟稳定的克劳德居然也会像小孩儿那样爱搞"恶作剧"。

米娜悄悄依偎在他身边，发挥她丰富的想象力，开始发表自己的意见："我觉得这张图片像鸽子，也许就在某一个像鸽子的城市里，也可能在城堡，还有可能是个小岛。多多他们也许就在这里呢。"

路易斯大叔仿佛从米娜的话里得到启发，他拿起宽边太阳帽戴好，对米娜说："有道理，我们下一站就去曼彻斯特。"

从剑桥到曼彻斯特，大约一个小时的时间，眼前又是一派全新

的景象。米娜抑制不住此时的兴奋，指着繁华的街道问："路易斯大叔，这个城市的繁华程度和伦敦差不多呢！"

"在英国，曼彻斯特的繁华仅次于伦敦，它也是一个国际化的大都市。这里有唐人街，有红魔曼联足球……"路易斯大叔的推理能力不知道能不能比得上福尔摩斯，但他的地理知识绝对是无人能及。

突然街头传来大合唱，街上的人好像着了魔，都跟着手舞足蹈。

"那些人怎么了？"米娜指着挥舞着红围巾的人群问。

"哦，那是红魔的粉丝。"路易斯大叔耸耸肩膀说。

"红魔是什么？"米娜更奇怪了。

"哈哈，亏你还是个贝克汉姆迷呢，要是多多在就要笑你了。"
路易斯稍微停了一下，见米娜着急的样子，接着说，"红魔是英格兰
足球超级联赛球队曼彻斯特联队的绰号。"

原来如此！米娜恍然大悟。

路易斯大叔加入了合唱，他们在兴奋的人流中把一切都忘记了。

听说今晚在老特拉福德球场有曼联球赛，路易斯大叔挥拳大叫：
"噢，在曼城现场观看曼联足球赛，太棒啦！"

米娜想，足球的魔力让人惊叹啊。

中午12点半，安顿好住处，路易斯大叔想好好睡一觉，只等晚上
到现场看球赛了，然而服务生的回答让他像泄了气的皮球。

"先生，临时买票是不可能买到的，必须提前买整个赛季的门票才行。"看到米娜，他建议说，"你们可以到唐人街、北角……"

　　"好的，非常感谢！"路易斯大叔礼貌地打断了服务生的热情介绍。和足球相比，仿佛什么也引不起他的兴趣。

　　多多不在身边，米娜有些无聊，她拿起自己的随身背包，无目的地看着。突然，她惊叫起来，一封用粉色信纸写的信神秘地插在她的背包侧口袋里，也不知道什么时候放进去的。

　　"路易斯大叔——路易斯大叔——"米娜高举着书信跑到路易斯大叔跟前。

　　路易斯大叔戴上黑色礼帽，这是他在剑桥福尔摩斯博物馆买的。他冷静地展开书信，只见上面写着一行字：

现在去曼彻斯特斯特拉福德镇。

还是周边卡通图案的粉红色信纸，还是幼稚的歪歪扭扭的字体，路易斯大叔一拍大腿，肯定地说："米娜，你看，这一点也不像多多的字迹。我推测跟我们玩捉迷藏的，除了克劳德和多多，应该还有一个小孩。"

"嘿，还真是这样。"米娜忽闪着大眼睛应和道。

"嗯——"路易斯大叔的胜负欲仿佛被激发出来了，"我们马上出发去斯特拉福德镇！"

福尔摩斯博物馆

　　夏洛克·福尔摩斯，英国侦探小说家阿瑟·柯南·道尔笔下的一个才华横溢的世界著名侦探。小说中伦敦贝克街221b号是福尔摩斯居住的地方，1990年，英国政府正式在此建立福尔摩斯博物馆。博物馆的结构完全按照作者在小说中描述的场景来安排，再加上精心的布置，使来此参观的"福迷"兴奋不已，感觉如同在小说的场景之中穿行。

第 7 章

游走莎士比亚的故乡

大约一个小时，他们来到斯特拉福德镇。

眼前是一个人口不多的普通小城。这里隔绝了城市的喧嚣，绿色的树木环绕着这个有乡村风情的小城，使得这里更显宁静。清远幽静的山谷里，绵延相连的是石造的农舍，田园风光，异常美丽。房屋墙壁黑白相间，看上去像积木一样。茅舍四周覆盖着玫瑰，典雅古朴。

　　下了车，米娜指着两边造型别致的建筑问："路易斯大叔，这里就是莎士比亚的故乡吗？"

　　"是啊，斯特拉福德像英国无数乡村一样，宁静而美丽。它之所以现在蜚声天下，并且能够保存16世纪的纯朴风景，是因为这里在四百多年前诞生了一个大戏剧家和诗人——威廉·莎士比亚。"

　　"'放弃时间的人，时间也放弃他。''智慧里没有书籍，就好像鸟儿没有翅膀。'"米娜死记硬背的名言在合适的地点突然流利地蹦出来了。

　　"是的，这是莎士比亚的名言，也是他能在艺术天地里自由飞翔成为一代艺术大师的秘密。"

　　"这些都是英国为了纪念莎士比亚才保留的吧？"米娜指着那个

现代化的大厦发问。

"米娜，这次你猜错了，这所现代化的大厦由美国及加拿大私人捐款建成。"路易斯大叔的知识有时候丰富到让米娜吃惊的地步。

"原来如此！"米娜俏皮地回道，"私人捐款……"米娜似乎有所感悟。

"我们到莎翁故居内看看吧。"

故居现在已经成为博物馆，是建在街边的一栋木制小楼，共两层，坐北朝南，看上去古朴而久远。走进屋内，便进入了当年莎翁的生活。图文并茂的展览，述说了这位大师当年如何通过自己的作品展现无限丰富的文学世界。除了莎士比亚的图片和事迹，还有莎士比亚当年创作的手迹。一楼是客厅和厨房，面包、牛排和刀叉之类的物品摆在餐桌上。

这一切都向造访者传达着古典的温馨气息。二楼是卧室和书房。书房里有莎翁的蜡像，莎翁靠着书桌，正在凝神思索。一切伟大的艺术创造，无不来自寂寞和孤独。莎士比亚的许多脍炙人口的伟大作品，就是在这间书房里完成的。站在这里，如同看到了文豪当年的生活，来自世界各地的游客利用各种方式表达着对这位天才文学家的敬意。

从莎士比亚的故居出来，米娜跟随路易斯大叔在小镇上转了一个圈，斯特拉福德镇的全貌尽收眼底。

脚下，布仑河水静静地流淌，一群群天鹅和野鸭在河中自由穿梭。

即使没有大文豪莎士比亚，斯特拉福德也是一个非常可爱的地方。镇子附近有一条静静的小河叫埃文河，它就这样围绕着小镇慢慢地流淌，岸边的人们的生活也是相当悠闲、安静。此时，米娜想象着

　　莎士比亚正坐在埃文河边，静静地望着流水，迸发出许多创作灵感。

　　"您也是第一次来英国吗？"一位背着旅行包的游客过来搭讪。

　　"是的。"米娜礼貌地回答，见这位貌似学生的姐姐非常可亲，也笑着问她，"您是在留学还是在旅游？"

　　"我在伦敦上高中，非常喜欢戏剧，这是我第一次来这里。我在高中时就知道莎士比亚了，并读了很多他的作品。这次能有机会到伟大的文学巨匠的出生地看一看，对我来说实在是太荣幸了。能到这儿来看一看也是我的一个梦想，而且我还看到了罗密欧与朱丽叶。"

　　那位姐姐指着河边的教堂说："你看，这是'圣三一'教堂，是文艺复兴时期的建筑，教堂内安葬着莎士比亚的灵柩。凡来镇上的游人，第一件事就是到教堂看望莎士比亚老人家。我在那里看到莎翁的

灵墓是用汉白玉做成的方形高台，莎翁的灵柩就埋在高台之下。"

很快，米娜和这位姐姐成为无话不谈的好朋友。她还得到了这位姐姐赠送给她的一张印有莎士比亚头像及生平介绍的旅游纪念卡。

"米娜！"身后的路易斯大叔虽然也偶尔插话，但并不积极，这会儿他发现米娜接受了这个还算陌生的朋友的礼物，把米娜叫到身边来。

"姐姐再见！"突然，她发现前面一个正要上车的男孩像多多，可还没等她喊出来，那辆小车已经飞快地开走了。

路易斯大叔从米娜手中接过那张纪念卡，翻来覆去地看。他发现这张卡特别厚，是空心的，拿出随身小刀从边上一翘，纪念卡的一半掉在地上，里面显现出一张粉色信纸、一小张地图碎片，还有一张门票。

"啊，不可能！"米娜一声尖叫，再去找那个姐姐，已经无影无踪。

路易斯大叔扶正自己的黑色礼帽，思索着信纸上的几句话——

路易斯大叔：

　　与你同游莎翁故居非常愉快，现在请马上回转，曼联足球赛晚上7点开始。附赠门票两张，不要太激动哦！

　　"他们刚才居然也在这里！"路易斯大叔和米娜同时大叫起来。

　　"一定是他！"米娜想到刚才看到一个像多多的男孩坐车走了的事，近乎肯定地说，"我们差一点就捉住他们了！"

　　"没关系，"路易斯大叔拍了拍米娜的肩膀，"我们晚上一起去看足球比赛吧，说不定他们也会去到那里。"

第8章

红魔，我来了

回到曼彻斯特酒店的时候，华灯初上，这真是一座不夜城啊！

胡乱吃了点东西，米娜跟随路易斯大叔与所有红魔迷们一样，挑一条红围巾，再搭乘巴士，赶往"梦剧场"——老特拉福德球场。

周六，观众容量高达75000人的曼联主场内，气氛沸腾了。

当你步入坐落在曼彻斯特城人群最密集区域的老特拉福德球场，

你会发现你所置身其中的绝不仅仅是一座体育馆。因为在曼联球迷的心目中，它已经成为曼联永恒的象征。红色海洋般的看台铭刻着巴斯比宠儿的冲天夙愿，湛蓝的天幕俯瞰着贝克汉姆的凌云壮志。所有的期待、失落都曾在这里留驻，所有的希望与梦想都在这里实现。这里是全世界几千万曼联球迷魂牵梦萦的圣地。

比赛开始，曼联对阵同城死敌曼城，英国天空体育将对本场比赛进行现场直播。

米娜虽然喜欢足球明星贝克汉姆，但是看到身边的球迷近乎疯狂的表现，还是有点被震撼了！

身边一直亢奋的脸上画着油彩的美女姐姐很难有安静的时候，趁她稍微平静些，米娜递给她一罐饮料，顺便问："你为什么这么喜欢曼联球队？"

"噢，我的天，你为什么会问这样一个问题？"她显然很吃惊，然后滔滔不绝地说："这里吸引我的不仅仅只是球星和他们不败的战绩，还有赛场上飞扬起的那种红魔般特有的血性和激情，舍我其谁的霸气也总是把我深深吸引！深深吸引！……"

米娜发现，如果自己不和她一样疯狂，就要被看作是对她的偶像的侮辱了。

"进球啦！"路易斯大叔这会儿把礼帽攥在手里，兴奋极了，脸上的皱纹都在舞蹈。这时，所有曼联球迷背对球场。

米娜也跟着背转身。她悄悄问路易斯大叔，为什么这些人都要转

过身来呢？正面加油不是更好吗？

"哈哈，我可爱的米娜，你不知道，背对球场是曼联球迷庆祝进球的经典方式啊！"路易斯大叔始终是兴奋的。

"明白！"米娜很快加入了这个疯狂的群体。

"落后永不放弃，领先从不放松。我们的红魔，永远的红魔，太棒了！"电视转播的镜头切过来，那位姐姐一面大喊一面做出各种鬼脸和手势。

米娜想，能有一种爱好让自己疯狂到这种境界，也是一件很美好的事情。

"不好，埃文斯受伤了！"路易斯大叔惊呼。

"旁边的人为什么不快点跑上去替他？"米娜也着急了。

　　"不能急，替补队员上场有规则。比如，替补前应先通知裁判员，替补队员在被替补队员离场并得到裁判员信号后方可进入比赛场地，替补队员进场也只能在比赛停止时从中线处进，被替补下场的队员不得再次参加这场比赛。"

　　"噢，足球赛中有这么多规则啊！"米娜把在球场外买的小吃塞进嘴里，又问，"中后卫的位置很重要吗?

　　"当然，宝贝！"路易斯大叔说起足球一点都不比说旅游和地理知识逊色，"中后卫是一个要拼命的、时刻准备着赌枪眼的位置。他需要有良好的位置感，后防统帅能力，对体能和精神要求极高。"

　　"哇，太厉害了！"米娜小鸡啄米似的点着头。

　　现在的红魔队中已经没有贝克汉姆了，米娜不知道自己为什么喜欢他，也许是他的经典发型，也许是贝嫂的缘故，因为米娜脑中没有贝克汉姆踢球的影子。其实据有关人员调查，有一种女性球迷，迷的不是球员的踢球技术，而是传奇故事化了的球员本身。

坐在球场里的一片红色海洋中，望着球场上跃动的红点，谁也抑制不住血液的沸腾。

因为一直处在亢奋的人群中，米娜有点累了。她拽拽高举着手臂录像的路易斯大叔，问："足球赛需要多长时间呢？"

"一般情况下，比赛分为两个半场，每半场45分钟。中场休息不得超过15分钟。累了吗，亲爱的米娜？"路易斯大叔俯身亲吻了一下米娜的额头。

"对方球员犯规了！"曼联球迷喊起来，原来曼城一名队员向裁

判吐唾沫。"噢，我的天，他太不冷静了！红牌！"

球场有规则，冲动是魔鬼！米娜想起多多的话，下意识地摸了摸上衣口袋。

"啊——"米娜犹如摸到了一条响尾蛇，然而她的惊叫被淹没在疯狂的球迷呐喊中。

终场哨声吹响，曼联毫无悬念地再次获胜。

来吧，红魔，歌声疯狂，激情似乎要让老特拉福德球场爆裂。

就在这时，路易斯大叔扭过头来，正巧瞥见米娜手里的粉色信纸。

"多多他们到底在哪里呢？"路易斯大叔自言自语道，他真的很想多多。

贝克汉姆

    大卫·贝克汉姆是英国一位著名的球星，也是世界著名的球星。他长得很帅，是全世界很多人的偶像，被人亲切地称为"小贝"。1975年，他出生在伦敦东区。他的父亲是一名厨师，但是业余爱好是踢球，还组建了一支球队。7岁那年，他加盟了父亲的球队。在父亲的带领下，这支球队取得了一连串的好成绩，小贝的球技也随之逐渐提高。小贝家在伦敦，但全家人都是曼联球迷。终于，在1992年他正式成为红魔的职业球员，因传球精准，拥有全世界独一无二的任意球脚法，获得"欧洲最佳球员""英格兰足球先生"等称号，至今贝克汉姆还活跃在媒体中。

Beckham

第 9 章

多多在爱丁堡

　　一批批的游客正乘坐著名电影《哈利·波特》取景之特色蒸汽火车，前往该剧学校取景地魔法石城堡。

　　"多多——多多——"在爱丁堡的街头，爱丽丝口中喊着多多，与克劳德叔叔一起走到一个吹风笛的老艺人身边。这里，多多正在调皮地学习吹风笛，见爱丽丝过来，他有些炫耀地鼓起了腮帮子，左摇

右晃地表演起来。

"呵呵，多多，你太好玩了！"爱丽丝拿着相机给多多来了个吹风笛特写。

本来飘着小雨的天突然就亮起了阳光，天像被洗过一般呈新蓝色，远处的云朵挤挤攘攘地漂浮着，一条很奇特的云带长长地悬挂在空中，像一条白绸缎，把天空装扮得美得不像是人间的天空，轻轻盈盈，艳丽极了。

这真是一个美妙的城市，不知道路易斯大叔是否来过这里，我得给他收集一些资料才行。想到这里，多多放下风笛，开始向老艺人发问。

"先生，爱丁堡是首都吗？"多多乖巧地帮老艺人收拾风笛和行

李袋。

　　老艺人拿出小靠椅坐下来，深沉地说："嗯，你问得对小伙子，爱丁堡曾经的确是首都。历史上，爱丁堡是独立的苏格兰王国的首都。历史上英格兰、苏格兰王室联姻，英国王室至今还有苏格兰血统。"

　　"这么一座小城，有什么力量能支撑整个苏格兰呢？"

　　多多的疑问让老艺人油然而生一种自豪感，他很骄傲地比划着说："你别看爱丁堡是个小城，今天，它作为苏格兰的首府，到这里来旅游的人摩肩接踵。据初步估计，欧洲最大规模的艺术展举办期间，到访人数达到历史最高峰，上百万的参观者慕名而来。这座小城为什么具有支撑全苏格兰的力量呢？您自己去试着找一找答案吧。"说到这里，他神秘地一笑。

"我知道，我知道！"不知什么时候，爱丽丝又蹲在了多多身边，"因为爱丁堡有许多华丽的建筑。"

"对，爱丽丝说得对极了！"克劳德叔叔对爱丽丝总是言听计从，宠爱有加。多多已经习惯了。

"我们去爱丁堡城堡吧。"多多的话一出口，爱丽丝朝身边的克劳德叔叔做了个OK的手势，一切以迅雷不及掩耳盗铃之势进行着。小车以平稳的速度在路上安全行驶。

"快看，穿裙子的苏格兰男人！"多多觉得好玩，吹了一声口哨。

“快看，儿童博物馆！我要去！”爱丽丝发现了好玩的去处。

克劳德叔叔立即告诉司机，直奔儿童博物馆。

这真是一个最吵闹的博物馆了，出出进进的大部分是小朋友，即使有大人也一般是陪同孩子的父母。馆内收藏了各式各样的儿童玩具。

爱丽丝和多多跑到一个漂亮的玩偶旁边，爱丽丝做出很专业的造型，高贵而典雅，就像一位公主。

克劳德叔叔立即按动快门，给他们留下了快乐的瞬间。

"这里的玩具应有尽有，有婴儿玩具、儿童玩具、青少年喜爱的玩具等，可以说每个年龄段的玩具都有。还有传统马戏团道具、自动玩具、电影传单、布偶衣服、教科书等。小朋友们之所以特别喜欢来这里，就是因为有这些丰富多彩的玩具。"克劳德叔叔拍照也没停止对博物馆的解说。

"嗯，我知道了，我们自己会仔细看的。"爱丽丝见多多又跑到一大片玩具车那里去了，一边追赶一边说道。

克劳德叔叔立即闭嘴跟上去。

多多在这里摸摸那里看看，四层楼他一会儿就跑了个遍，爱丽丝

在后边跟着，气喘吁吁，可是多多爱玩的天性，常常不经意间逗得她大笑不止。

很快，多多和爱丽丝一前一后从儿童博物馆出来，后面跟着看上去深沉威猛的克劳德叔叔。

"不知道路易斯大叔和米娜现在在干什么？"上车之后，多多突然说。

"多多，你是想他们了吗？"克劳德叔叔试探性地问到，"要不我带你去找他们吧。"

"不！我才不要。"多多努了努嘴，明显还想去更多好玩的

地方。

看着多多神情，爱丽丝也被逗乐了。

"好了，孩子们，我们要继续赶路喽。"克劳德叔叔发动了车辆，"出发！"

接下来他们要参观的地方是一座古老的城堡。它就耸立在死火山岩顶上，在车内就能看到。

"你们眼前的这个城堡位于爱丁堡市的最高点——135米高的城堡山上。站在城堡上可以俯看全城。"克劳德叔叔简直可以当导游了。

沿着皇家哩大道进入爱丁堡城堡，爱丁堡城堡沿坡旋绕而上。其

中的圣玛格丽特礼拜堂据说是爱丁堡现存最古老的建筑，而城堡内的军事监狱，曾囚禁过拿破仑的军队。

多多指着那些指痕故作惊恐地向四周张望，突然惊叫一声跳开。

"怎么了？"爱丽丝也紧张起来。

多多神秘兮兮地说："我看见幽灵了！他飘走了——哦——"多多岔开双手，瞪起眼睛伸着舌头怪叫着向爱丽丝走去。

"啊——多多是坏蛋——"爱丽丝惊叫一声，发现多多正偷着笑，她拿起路边的一个爱丁堡纪念币向多多投去。

卖主刚要不悦，克劳德叔叔赶紧把英镑奉上。

古堡的城墙上，安放着一个个乌黑的古炮，炮口对着福思湾河，

让人感受到当年剑拔弩张的紧张气氛。

多多倚在炮身旁，爱丽丝给他抢拍下一个与大炮的合影。

"这些大炮是为了给游人照相故意托运到这里来的吧？"多多开玩笑道。

"不是的，爱丁堡城堡曾经是堡垒、皇宫、军事要塞和国家监狱，加强防御是必须的。何止是大炮，中世纪以来各个时代的兵器和军装，都收藏在军事博物馆里。"紧跟身后的克劳德叔叔比多多戴在手腕上的万能电子通都厉害。

"好啊，我对军事博物馆很有兴趣，爱丽丝，去看看？"多多知道，只要爱丽丝说要去的地方，他们就能马上去。

　　果然，没过几分钟，他们已经站在爱丁堡军事博物馆里了。

　　这里简直是一个兵器的王国！

　　特别是兵器室中陈列的长达1.5米的巨剑引起了大家注意。多多围着巨剑多角度拍照，还不忘偷空逗一下小尾巴一样的爱丽丝。

　　"爱丽丝，你能拿起来吗？"

　　"你能拿起来，我就能拿起来！"爱丽丝又咯咯地笑起来。

　　军装陈列室里，各种军服制作精良，华丽精致，兼备实用性

和美观性。为了配合这些颇具古风的建筑,古堡城门口站岗的哨兵依然保留着身穿苏格兰传统服饰的传统。最能代表苏格兰风情的方格短裙,加上佩带的短剑,以及头戴黑色无边软帽,令他们更加雄壮、威武。

多多转来转去,爱丽丝跟着跑来跑去,多多像一位专家那样头头是道地分析说:"爱丁堡建在死火山岩顶上,你看这里的地形一面是斜坡,其他三面都是悬崖,只要把守住位于斜坡的城堡大门,敌军即便有千军万马,都只能望洋兴叹。在古代,这样的堡垒最是易守难攻了。"

"你真棒！"爱丽丝翘起大拇指。

"曾有一首苏格兰古诗描述了国王和骑士们在爱丁堡的大厅中欢聚畅饮的情景，据说这就是亚瑟王和圆桌骑士们故事的来源之一。"克劳德不动表情地补充。

亚瑟王和圆桌骑士的故事是米娜最喜欢的，多多想，要是米娜在这里一定要拍好多照片了。

突然，一声礼炮响起，爱丽丝赶紧看表，已经下午一点钟了，时间过得可真快。

大概晚上六点多的时候，他们回到了爱丁堡。他们在一所著名的

餐厅用过晚饭后，便高兴地在街上闲逛。

"爱丽丝，你看到幽灵了吗？"多多从自己的电子万事通中查到，传说莎士比亚从爱丁堡的鬼魂故事中得到灵感，写下四大悲剧之一的《麦克白》。所以，幽灵这两个字一直游荡在他的脑海里。

"我看到了，那边一个吸血鬼来了！"爱丽丝假装惊恐，躲在克劳德叔叔的身后。

突然，爱丽丝换了个话题。她说："多多，我们下一站去约克城

麦克白

好吗？我们现在就去告诉路易斯大叔！"

"这个提议真不错。"多多想，路易斯大叔最喜欢有历史的城市了，于是他兴奋地说："去约克城啦！"

第10章

游走曼彻斯特

　　米娜和路易斯大叔正在曼彻斯特。

　　朝阳初绽，一颗金黄滚圆的太阳映照着大地，碧绿的草场上一群群马牛羊自由自在。漂浮的轻云下，一幢幢民居小屋在山坡上连成一片。

　　"早上好，路易斯大叔！"米娜向大叔问好。

"早上好，米娜！"路易斯大叔愉快地向她挥挥手。

风雨与共的外地旅游生活，多多又不在身边，让米娜和路易斯大叔格外亲近。

春天的曼彻斯特街头充满生命的气息，嫩叶油亮，红花夺目。

有人坐在路边自娱自乐，神情投入地敲打土制的打击乐器。有的人已经穿上了短袖衬衫，有的人还身穿着羽绒坎肩，偶尔还有几个穿着苏格兰红格子裙的高大青年说笑而过，清晰的摇滚乐流动在明亮阳光照耀的街头。

路易斯大叔再次摸出这几封信中的地图碎片，琢磨着。

忽然他惊喜地叫了起来："米娜，米娜，快把地图拿给我。"

"你是解开线索了么？"米娜一脸疑惑。

"你瞧！把卡片颠倒过来，是不是跟约克镇的区域轮廓一模一样。"路易斯大叔的声音不自觉地提高了，"昨天天色太暗了，我们没能发现，原来卡片上还有一行铅笔留言呢……"

"写了什么？"

"明天晚上街头见。"路易斯大叔指着卡片兴奋地说到，"用不了多久，我们就能见到他们了！"

这一天，路易斯大叔带米娜好好地走访了这个英格兰的"五脏六腑"之地。

第一站他们到了曼大博物馆。这个博物馆里小孩子特别多，可能

与博物馆的主题是科学和生物有很大关系。路易斯大叔发现整个博物馆充满着家庭的温馨。在这里，数以万计栩栩如生的动植物标本迎面扑来：从豺狼虎豹等深林猛兽到美丽浪漫的孔雀，从家禽鸟雀到蛾甲虫、蚂蚁蜻蜓等昆虫小精灵，再到深海章鱼海星、浅水贝壳水母……这些都不加注释。人工模拟出栩栩如生的自然生态环境，人们置身其中，仿佛听到虎豹怒吼，蜻蜓振翅，真正达到了如临其境、如观其物、如闻其声的奇妙效果。

"太好了！太好了！"路易斯大叔一边惊叹一边连连拍照。

米娜发现博物馆里随处有凳子，一开始不明白，后来观察才知

道，这种博物馆是要带着凳子慢慢参观的。米娜自己拿了一个，给路易斯大叔也拿了一个。

在一片模拟深海生物那里，米娜推测猜想，流连忘返，竟然坐了一个钟头，真得感谢这个小板凳了。她这才明白这家博物馆为什么不像一般的博物馆那样贴上长长的注解，也许就是为了让人慢慢欣赏自然，感受人和自然的和谐，而不是让人们认识多少动物的名称或是了解它们的生活习性。

当路易斯大叔想到这家博物馆设计的真正寓意的时候，心中暗暗肯定。

出了博物馆，走在街上，米娜发现路易斯大叔的牛仔裤破了几个大洞。

　　"路易斯大叔，你该买条新的牛仔裤了！"

　　"舍不得呢！"

　　这条牛仔裤已经陪伴他走过山山水水，可以说，每一个洞都记载着一个故事。他拿起备用剪刀，干脆在裤子上挑出几个奇特的破洞，在这活力四射的曼彻斯特街头，也算得上时尚了。

　　过马路的时候，米娜按了STOP（停止）的柱子，步下人行横道，来往车辆早早放缓速度停下来等米娜通过，路易斯大叔无数次示意让车先走，司机微笑着让他们先过马路。

　　米娜手中刚买的几样小吃掉了，慌忙一样一样地捡拾，抱歉地抬头冲司机笑了笑。汽车停在斑马线前耐心地等着，等他们迈上人行道，司机冲他们挥挥手说："Have a good day（玩得开心）！"

　　第二站他们来到唐人街。米娜看到里面大部分是中餐厅，另外还有中药店、旅行社、理发店和杂货铺等，一句话概括，几乎都是店铺。超市里陈列的物品也都有中文标识。街口的中式建筑，雕廊画栋，古色古香，让米娜感觉好像回到了姥姥家所在的城镇。在中国餐馆里，路易斯大叔叫了一盘三鲜水饺。米娜记得姥姥说过，吃水饺要蘸着蒜泥吃才正宗。

　　于是，她用中文向老板娘说："请来点蒜泥。"看到这么可

爱的女孩说着甜甜的乡音，老板娘十分高兴，麻利地奉上蒜泥，又免费赠送几个黄须菜水饺让他们品尝，路易斯大叔吃得额头冒着汗珠，大呼："米娜，饺子真美味——咱们下次旅游到你姥姥家去。好不好？"

"好，我一定让姥姥给你包出100种水饺，让你一次吃个够！"米娜擦着鼻尖上的小汗珠保证说。

出了饭馆，米娜在超市买了一个猪八戒面具，一把写着"友谊万岁"的中国折扇。

"米娜，出门旅行，行李尽量简便，不要带太多东西啊！"路易斯大叔提醒着。

从这家店铺出来，又进入那家店铺，在米娜的坚持下，路易斯大叔也购买了一幅中国京剧中窦尔敦的脸谱，还有一挂长一米的红胡子。

有人把酒馆叫作曼城人的第二个家。当路易斯大叔询问当地人哪家酒馆好的时候，那人竟一口气说出了几十家，像极中国相声里的报菜名。

"不过，最有名的还是保卫不列颠酒馆，那里因提供种类繁多的威士忌而闻名。"一向喜欢香槟、伏特加和威士忌的路易斯大叔可不能放过，米娜也有点儿走累了，也愿意找个地方坐下来。

没过多久，他们走进这家著名的酒馆。

　　路易斯大叔环视酒店的布置，这里到处都是维多利亚时期的装饰。开放式壁炉、实木家具和刻花玻璃营造出怡人的复古格调。

　　服务生很快微笑着走过来，路易斯大叔点了特色威士忌。

　　米娜看到墙砖上绘有战争图画，疑惑地问："这是谁和谁在打架呢？"

　　路易斯大叔被她的问题逗乐了，他指着砖墙上的图画说："这些绘画可不是什么人在打架，这是臭名昭著的彼得卢大屠杀。当时，政府军队杀害了呼吁实施议会改革游行队伍中的15人，事发地距酒馆不远。"

这时，服务生送来了威士忌。米娜不会也不能喝酒，她看着路易斯大叔咽下一口酒，做了个鬼脸，小声说："辣不辣啊，有什么好喝的啊？"

　　"还好，我觉得挺好喝的呀。"路易斯大叔笑嘻嘻地回答。

　　"我才不信呢！"米娜说完，向服务生要了一杯加冰的气泡水，"还是喝气泡水更健康。"

　　路易斯大叔故作神秘地问："你知道威士忌是用什么制成的么？"

　　"是用什么？"

"威士忌和中国白酒一样，是用谷物为原料制造的蒸馏酒，据说它在苏格兰已经有超过五百年的历史了呢。"

　　米娜左手捏着鼻子，右手在面前扇了扇，"难怪我闻到了一股浓烈的酒精味。"

　　路易斯大叔爽朗地笑起来，他警告说："所以小孩子可千万别偷大人的酒喝哦！"

气泡水

气泡水又叫碳酸水，是一种在压力作用下，把二氧化碳气体跟饮用水混合在一起所制成的饮品。二氧化碳溶于水后呈弱酸性，它可以迅速激活人们嘴里的神经，让人在喝下第一口气泡水时，就感到舌头变得酥酥麻麻的，非常解暑！

现在我们除了能人工合成气泡水外，市面上也有少量从地下开采出来的天然气泡水可供选择。

但是你在饮用时，可得注意了：如果一次性饮用大量气泡水，可能会引发腹胀，让你感到胃部绷得紧紧的，很不舒服。同时这种饱胀感还可能减少你的饮水量，从而影响身体获得足够的水分。

第11章

英格兰历史胜地——约克

约克是英格兰北部的城市，在中世纪达到鼎盛时期，现在是英国著名的旅游胜地。从停车场到城中心不过十来分钟的时间。多多发现路上很清静，偶尔有几辆车子经过。不过，随着约克城门的临近，路人逐渐增多，到了城门口，人车陡增。

"多多快看，女骑警哦！真威风！"

"我的天，这马可不是一般的高大。"

多多和爱丽丝边走边发表着对新奇事物的感慨。

远远望去，约克的教堂好大，可是因为参观了好多英国教堂，多多觉得里面应该大同小异，没有进去。

约克郡博物馆的镇馆之宝——约克头盔给他留下了深刻印象。

多多问爱丽丝："你说这个小城有多少年的历史了呢？"多多知道，凡是爱丽丝不能回答的问题，克劳德叔叔一定会及时帮忙。

果然，爱丽丝答不上来。

"公元71年，罗马人为防御外敌而建立了城堡。现在保留的罗马人在7世纪建造的古老城墙，是约克历史悠久的见证。"说完克劳德叔叔表情一动不动，不知道的游人也许以为他根本就没说过话呢。

绿荫下，碧波里，一艘红色游艇驶过。约克镇两河交汇，乌斯河从城区穿过，河水为古老的小镇增添灵气。

在古老的街道上，有漂亮的商店橱窗、儿童商店、街头艺人、自由音乐人、街头冰淇淋屋，还有冲着他们的镜头扮酷的小伙，这让多多和爱丽丝玩得热火朝天。

多多和爱丽丝最喜欢约克的玩具店。爱丽丝买了超大的泰迪熊、小巧的彼得兔……这可忙坏了紧随其后的克劳德叔叔。

没有去大教堂，其他景点他们可没放过。在克利福德塔，他们

听到了惊险的历史传说：1190年，有人想摧毁犹太社区，一些幸免于难的犹太人逃到克利福德塔原址，却最终被迫在此自杀。而事情的原因，竟然是一些商人为了抵赖他们所欠犹太银行家的债务，如此惨剧，简直令人发指。

春天的气息拂绿了草地，点点小花散在草丛，乍看，就像吹落了的花瓣，约克处处都是盎然的春意。

从克利福德塔下来到去博物馆的途中，多多看到一辆很迷你的小车，居然是卖冰激凌的。路边的长椅上坐着两对老人，在晒午后日光浴。其中一对很有趣，他们相互倚靠着，享受着冰激凌，脸上一片安

详，脚边有只小鸭子慢慢地踱来踱去。走远了回头，依然会为那个画面感动。哈哈，多多偷偷拍下来了。

成群的鸽子飞落古塔顶上，约克城里的人们过着悠哉宁静的生活。

路易斯大叔和米娜也来到了约克。火车站很大气，五狮的标志，古老简单的大钟。路易斯大叔买了份地图，出了火车站，约克小镇优美的风景扑面而来。高大稀疏的树，各色的花，一派春意，城墙隐在其后，蔓延至看不见的远方。

约克一直是英格兰的首府，地位相当于今天的伦敦。约克被

称为"纽约之父"，每年吸引着成千上万来自世界各地的游客，其中美国人占了很大比例，这里面有很浓重的历史情结。

路易斯大叔给古老的约克城门来了个特写镜头。

约克城门不是很大，车辆进出不是很方便，进了城门见到的是古老的街道，它保留了许多中世纪时期的住宅建筑，如今都成了风格各异的商店，出售各种当地特色的纪念品。整个城市都透着历史感！

因为急着去约克大教堂，他们没有在这里停留。

约克大教堂又叫圣彼得大教堂，是英国最大的哥特式教堂。据说它的建造历史非常长，从13世纪初开始动工，历经250年才完成。

"米娜，站好，让我给你和约克大教堂来个完整的合影。"

"好的，合掌膜拜式——"米娜俏皮地做出姿势配合。

为了拍到全景，路易斯大叔几乎五体投地了，拍完以后看着照片显得很高兴。

"这是哥特式教堂，有让人惊叹的彩色玻璃与绝妙的建筑工艺。"游人一边往里走一边说，看得出大家都是有备而来。

"什么叫哥特式？"对于飞入耳朵的这个新名词米娜可不会放过。

"哥特式建筑最大的特色就是高大的梁柱和尖拱形的天花板。进去之后这个抽象的概念就具体了。"

"绝知此事要躬行，呵呵。"米娜背诵的诗句又在需要的时刻蹦

了出来。

"小才女，你引用陆游的诗句恰当极了。"路易斯大叔夸赞道。

旅游真的长见识呢！不光看到新鲜的事物，还能了解到与这些事物有关的更多的知识。米娜感觉自己快成小旅行家了，如果回到姥姥家，就可以指着图片给姥姥讲新鲜事了。

走进约克大教堂，有旅游团队的导游正在进行解说。

"它是约克大主教的教区总教堂，是欧洲现存最大的中世纪时期的教堂，也是世界上设计和建筑艺术最精湛的教堂之一。看看它细致的雕花，规则、严整；玻璃的染色、切割、拼接，庄严又美妙。约

克教堂大厅内，在圣坛后方有一整片彩色玻璃，面积几乎相当于一个网球场大小，是全世界最大的中世纪彩色玻璃窗。这里是《哈利·波特》中的霍格沃茨大厅拍摄地喔。"

为了登高看远，他们两人和其他游人一块排好队顺着一人宽的旋转式台阶往上爬，有一段路米娜是手脚并用的！米娜前面的哥哥比较胖，一直喘着气呢！而且走到一半就走不动了。米娜也很累，不过还是一步一步往前走。

有人说："真不明白当时的人为什么要修这样的台阶，真不嫌累！"

"中世纪人都比较瘦小，可能觉得地方够宽。"游人中有人回答。

爬到最上面，风景真的很好，风也很大，铁网像一个防护墙防止人们掉下去。从这里可以看到整个约克镇，包括远处的雀巢工厂，这恐怕是约克唯一的大型外资工业企业，因为上面看门的奶奶讲到这个还很兴奋！

路易斯大叔记得当年和新婚妻子来旅游之前，只知道它是一座有些历史的城市，没想到一来就爱上了这里。城墙围绕着城市，城市又包含着城墙。城墙脚下的鲜花，在阳光下灿烂地开放着。一条很美丽的河穿过城市中央。古老的街道上石砖起伏不平，似乎在向远道而来的游人诉说着这个城市的历史。

逛完大教堂，他们也累了。走出来正对着大教堂的就是约克最有名的一条商业街，街很窄，人超多，几乎都是游客。他俩一边走一边找吃的。找到一个小店，米娜买了一个火鸡肉卷，路易斯大叔买了一个牛肉卷当午餐。

其实还有好几个地方可以逛，可是他们已经没有精力了，打算打道回府了。

回去时，米娜倚在车座靠背上，听到路易斯大叔在向其他游客介绍约克古城墙，他说这是英国现存古城墙中最长的，作为防御外敌的设施，它在800年前发挥过重要的作用。

第12章

邂逅幽灵之旅

　　约克镇历史悠久，老房子众多，石板或卵石的幽深小巷，关于鬼的传说也多，以至成了英国有名的"鬼城"。

　　幽灵之旅，是古老约克镇一项有趣的传统游戏。每天晚上天黑时，乌斯河边的大树旁，一位持黑手杖的黑衣人便会出现，游客们来到约定的集合处，他带领好奇的

游客走街串巷，寻访古城里那些鬼魅出没的地方。他会讲着各种血淋淋的鬼故事，游客中很多人把自己打扮得奇怪可怕，相互吓来吓去，不时听到惊恐的尖叫，彼此寻觅乐趣。

晚上，米娜将白天买到的面具戴上，又让路易斯大叔戴好窦尔敦的京剧脸谱面具，还戴上了那挂长长的胡子，参与到了装神弄鬼的人群中来。

在街头，米娜碰到了一个和她差不多大的小姑娘，她也带着面具，手中举着骷髅，好像故意和米娜游戏似的，还要和她比赛讲鬼故事。

讲就讲，谁怕谁。米娜身边可是有见多识广、博学多才的路易斯大叔，于是，她接受了挑战。

那个女孩把骷髅探过来，故意夹细了嗓音，做出恐怖的样子说：

"有一群人，他们特别地喜欢探险。有一天，他们去了英国南普利茅斯，找到了一个废弃海军船坞。他们钻了进去，就看到了船舱里有一个很破旧的灯罩、一个脏床垫，还有一台倒在地上的电视机和几条东倒西歪的横梁。大家都觉得很扫兴，这里好像一点都不恐怖。可这个时候有人忽然听到船舱里传来一阵女人的哭泣声……"

没等女孩讲完，米娜就被吓得惊叫起来，可是她不能示弱。赶紧把今天路易斯大叔刚刚给她讲的"木乃伊咒语"搬出来：

"在1922年，卡那封勋爵带着30名专家来到了埃及，他获得了

'国王谷'的挖掘权。'国王谷'是埋了古埃及许多国王和王室成员的山谷。卡那封勋爵在'国王谷'的陵墓中挖出了很多举世罕见的东西，像木乃伊、黄金铸造的雕像等，这些发现震惊了全世界。可接着灾难也发生了，几个月后，卡那封勋爵就生病了，竟然查不出原因来，一个医生说是因为他的左脸被蚊子叮了，引起了感染。没有多久，卡那封勋爵就死在了开罗。在卡那封勋爵死的时候，还发生了两件令人毛骨悚然的事情：整个开罗都断电了，而他养在英国的狗也跟着一起死了。

"啊——木乃伊咒语——"说到这里，米娜故意拉长了声音吓唬人。看到那个举着骷髅面具的女孩往后退，她得意极了，接着用阴森森的口气说：

"人们打开了卡那封勋爵发现的木乃伊，竟然发现木乃伊的左脸也有一个创口，位置和卡那封勋爵被蚊子叮的地方是一样的！这可吓坏了不少人！相传，当卡那封勋爵打开埃及法老的陵墓时，陵墓上有碑文，上面说："谁要是怀着不良企图进入陵墓，他将付出代价！"后来，跟着卡那封勋爵进入陵墓的专家们都离奇地死去。据说，卡那封勋爵的妻子最后也死了，死因和伯爵是一样的。

　　"啊——木乃伊咒语——"米娜再次拉长声音，做出令人恐怖的样子。

　　米娜胜了，那个女孩转身就走，临走的时候突然往头上戴了一顶闪亮的王冠头饰。

米娜心想有什么了不起的，还不知道是从哪个玩具店买的呢！她得胜了，回身去找路易斯大叔，这时候却看到那个女孩再次回头，脸上的面具换成了一个笑脸。

"啊——你站住——路易斯大叔——"

米娜突然想起了粉红书信中那个落款图像，可是等路易斯大叔过来时，那个女孩已经三转两转没影了。

第 13 章

相会在北爱尔兰

"嗨——克劳德叔叔——多多——"爱丽丝站在街角，激动地朝他们挥了挥手。

谁知克劳德叔叔走上前来，就狠狠地警告说："爱丽丝，你

知道一个人到处乱跑有多危险吗？如果你再这样，我就不带你出来玩了！"

"叔叔，你怎么能这样呢！"爱丽丝红着眼睛，不满地发着脾气。她本想告诉他们自己碰到了路易斯大叔和米娜，可现在她改变主意了。

"哼，让你慢慢找！"她红着脸，跟在克劳德叔叔身后气呼呼地想。的确，小姑娘心里还藏着一个小秘密呢——和多多在一起玩的这些日子太愉快了，她一点儿也舍不得多多离开。如果多多见到了米娜，他还愿意跟自己一起玩么？

"明天去北爱尔兰，那里原是爱尔兰的一部分。美丽的贝尔法斯特是北爱尔兰的首都，城市南部有女王大学和温室公园，我们可以去看看。最精彩的地方是巨人之路，巨人之路是一条大自然的神奇之路，它从山上而来，延伸至大海。踏上巨人之路，才算不枉此行。"克劳德叔

叔又开始了毫无表情的解说。

晚饭之后，多多回到自己的房间。

爱丽丝也早早地上床休息，进入了梦乡。她梦见自己和米娜、多多一起在童话般的巴斯小镇散步，那是一座漂亮典雅的城市，英国伟大的女性作家简·奥斯汀就在这个地方写出了脍炙人口的作品《诺桑觉寺》。他们陪着自己换上了18世纪的服装，参观了罗马浴池博物馆，他们三个成了无话不谈的好朋友……

"哦，原来大家在一起玩的感觉也不错呀！最好的友情是相互陪伴、分享，而不是占有。"第二天醒来后，爱丽丝忽然意识到之前自己的行为是自私的，于是她找到克劳德叔叔和多多讲出了实情。

克劳德叔叔听后神秘地笑了笑："不要担心，我敢保证到了下一个地点，你们就能见到路易斯大叔和米娜了！"

"真的吗？"多多和爱丽丝开心地跳了起来，他们快速用完早餐，往北爱尔兰首都贝尔法斯特赶去。

另一个旅店里，一对父女在听闻米娜和路易斯大叔也要前往贝尔法斯特后，便好心地提出了同行的邀请。

"真是太感谢了！"于是路易斯大叔带着爱丽丝坐上了车。他们一路上说说笑笑，聊得十分投缘。

最有趣的是这两位男士仿佛在进行学识比赛，每当说起一个话

题，都滔滔不绝，真的是棋逢对手、将遇良才。

不久，车子载着他们来到了"巨人之路"。车停在一千米之外的停车场。不久后多多一行人也到了。

"北大西洋上的翡翠——巨人之路——我来啦！"

米娜一声喊，正好让刚下车的多多听到，他惊喜异常。

"米娜——"多多大喊一声。

"啊，多多！"米娜简直不敢相信自己的眼睛，她张开双臂向多多奔去。

"我的朋友，我安排的旅游路线你还满意吗？"克劳德俏皮地问

路易斯大叔，"这场比拼是我们赢了吧？"

路易斯大叔拍了拍克劳德的肩膀："的确，还是你这个'万事通'厉害。快跟我揭秘一下，最后这次你是怎么知道我们会来这里的？"

克劳德边得意地说："那天在约克镇我本来打算给你留线索条，可是后来爱丽丝突然走失了，我的计划被打乱。于是我向当地朋友求助，得知你和米娜正住在他的旅店里，说什么'多多喜欢巨人传说，他们一定会去巨人之路的'所以，我们就赶过来了。"

"哈哈，原来如此！"路易斯大叔抿嘴一笑，带着孩子们往前走。

众人沿海边走了大约十分钟，海滩上的石头渐渐规则起来，

如同为巨人铺就的石板路，有黑有白，有的舒缓平坦，有的隆起一座小石山，石头呈六棱柱形，相互高低错落地紧密排列着，令游人惊叹它的壮观奇特，这处景观已被列为世界自然遗产。

大家继续沿着蜿蜒的海边小路前行，美丽的礁石不断出现，陡峭的海岸绵延无边。岸边，悬崖之上是平坦的农田，米娜爬上去，一只手挡住阳光，极目远眺，只见麦地泛着金浪，草地如延展的绿毯，近处有闲散的牛羊，与远处依稀的村舍，构成了一幅美丽的画卷，崖下哗哗的海浪声，让人觉得如在仙境。

"路易斯大叔最会讲故事了，给我们讲讲巨人之路的传说吧！"

米娜说。

"克劳德叔叔什么都知道，他也会讲故事。"爱丽丝毫不示弱。

这次路易斯大叔没有客气，他抢着讲道："传说远古时代爱尔兰巨人芬·麦克库尔为了证明自己力大无穷，要与苏格兰巨人本南多决斗。因为没有能够容纳麦克库尔横渡海峡的大船，他辛辛苦苦开凿岩柱，又一个个运到海中，铺成通向苏格兰的阶梯，这样他便能通过海峡而不打湿脚。大功告成后，他就沉沉睡去，养精蓄锐准备越过海峡去攻打本南多。不料此时，本南多却提前现身了，他此番前来意在摸清对手的情况。当见到熟睡中的麦克库尔身躯巨大，本南多不由心中暗自吃惊。麦克库尔的妻子见情势紧急，便急中生智，谎称身边沉睡

　的巨人是自己的孩子，本南多听后害怕极了，心想孩子的父亲该头顶
天了吧。他不敢恋战，匆匆撤回苏格兰，并毁坏了其身后的堤道，以
免被麦克库尔追上。所以，我们今天看到的就是没有被摧毁的一段堤
道了。"

　　"古老的爱尔兰传说充满了神秘的色彩，其实这些整齐划一的
六边形石头本是大自然鬼斧神工的杰作，这几万根岩柱屹立在海岸，
蜿蜒不绝，如果你能一直走下去，也许会惊奇地发现它居然有近10

千米。于是不能不惊叹它的场面宏大，蔚然壮观。正因为这样，'巨人之路'被联合国教科文组织评为'世界自然遗产'。"克劳德解说的时候又没有了表情，只是望了正在得意的路易斯大叔一眼。

刚刚晴朗的天空突然又下起了瓢泼大雨，幸运的是，路易斯大叔背包里准备了一把折叠伞，可是一把伞怎么能够七个人用？没一会儿，几个人就都成了落汤鸡。

这么多人一起旅游，即使淋雨也是快乐的！不一会儿他们跑回车上，终止了这难忘的翡翠之城——北爱尔兰之旅。